DISSONANTES IMBRICAÇÕES

CARLOS ALEXANDRE DE PAIVA FERREIRA

CB056868

EDITORA Labrador

Copyright © 2022 de Carlos Alexandre de Paiva Ferreira
Todos os direitos desta edição reservados à Editora Labrador.

Coordenação editorial
Pamela Oliveira

Assistência editorial
Letícia Oliveira

Projeto gráfico, diagramação e capa
Amanda Chagas

Preparação de texto
Maurício Katayama

Revisão
Daniela Georgeto

Imagens da capa
Pablo Picasso: O Reservatório, Horta de Ebro (1909);
Fotografia antiga de Barbacena - Domínio público.

Dados Internacionais de Catalogação na Publicação (CIP)
Jéssica de Oliveira Molinari - CRB-8/9852

Ferreira, Carlos Alexandre de Paiva
  Dissonantes imbricações / Carlos Alexandre de Paiva Ferreira. — São Paulo : Labrador, 2022.
  112 p.

  ISBN 978-65-5625-242-1

  1. Poesia brasileira I. Título

22-2002   CDD B869.1

Índice para catálogo sistemático:
1. Poesia brasileira

EDITORA
Labrador

Editora Labrador
Diretor editorial: Daniel Pinsky
Rua Dr. José Elias, 520 — Alto da Lapa
São Paulo/SP — 05083-030
Telefone: +55 (11) 3641-7446
contato@editoralabrador.com.br
www.editoralabrador.com.br
facebook.com/editoralabrador
instagram.com/editoralabrador

A reprodução de qualquer parte desta obra é ilegal e configura uma apropriação indevida dos direitos intelectuais e patrimoniais do autor. A editora não é responsável pelo conteúdo deste livro. Esta é uma obra de poesia. Apenas o autor pode ser responsabilizado pelos juízos emitidos.

SUMÁRIO

5 / **PREFÁCIO**

7 / **URDIDURA**

8 / **PRIMAVERA**
8 / I
10 / II
12 / III
14 / IV
16 / V
18 / VI
20 / VII

22 / **RETRATOS**
22 / I — No café
24 / II — Na tabacaria
25 / III — No cemitério
27 / IV — Na biblioteca
29 / V — Na ponte
31 / VI — No balcão
33 / VII — Na cama

34 / **DESFIGURADOS**
34 / I — Manhã
35 / II — Tarde
37 / III — Noite
38 / IV — Simulacros
39 / V — Assombrados
41 / VI — Rus in urbe
43 / VII — Pavor místico

45 / **TENSÕES**
45 / I — Apoteose
46 / II — Passado
47 / III — Presente
49 / IV — Futuro
50 / V — Três caminhos
51 / VI — A prole das sombras
53 / VII — Nos aspectos sorrateiros

54 / **RUPTURAS**
54 / I — Início
56 / II — Guernica
58 / III — Nos espaços dissolutos
59 / IV — Formas variadas

61 / V — Noite desfigurada
63 / VI — Nada mais há que floresça
64 / VII — Necrópole

66 / TRAVESSIAS
66 / I — Uma fissura folga
67 / II — Um passo eu dei
69 / III — Sobre o mosaico
70 / IV — A fera medita
72 / V — O velho barqueiro
74 / VI — Entrada
76 / VII — Limites

78 / ENTRINCHEIRADOS
78 / I
80 / II
82 / III
84 / IV
86 / V
87 / VI
89 / VII

90 / DESPERTAR
90 / I — Coro
92 / II — Apolo
94 / III — Nos limites imprecisos
96 / IV — Dissolução das formas
98 / V — Seiva orgíaca
100 / VI — O demiurgo
102 / VII — Coro

104 / REDENÇÃO
104 / I — Conheci o amor
105 / II — O amor está em mim
106 / III — Dissonâncias do silêncio
108 / IV — Tranquilo desatino
109 / V — Inumeráveis sensos desnorteiam
110 / VI — Aurora
111 / VII — Solidão

PREFÁCIO

A escrita de Carlos Alexandre de Paiva Ferreira conforma um corpo estranho no cenário da poesia brasileira atual, que me parece ao mesmo tempo intensamente exibicionista, chegando, em certos autores, ao egocentrismo puro e simples, e incapaz de dialogar com as tradições do passado. Ao contrário, Ferreira apresenta neste seu livro de estreia, *Dissonantes imbricações*, uma voz quase neutra que parece pouco preocupada em afirmar-se enquanto sujeito, deixando-se dissolver em meditações de corte metafísico. Em uma época na qual a poesia em si mesma importa muito pouco, e o poeta precisa se vender nas redes sociais como negro, mulher, homossexual ou outra identidade qualquer, parece-me corajoso deixar a poesia fluir sem as*sujeitá*-la, assumindo certa angústia existencial que não se explica, não se aprende em oficinas de poesia, não precisa de vídeo no YouTube e muito menos de curtidas nas redes sociais. Ela simplesmente *é*, como o próprio tempo, talvez o grande personagem deste livro de meditações em que Ferreira retoma não só as imagens, mas os hábitos de poetas como T. S. Eliot e Álvaro de Campos. Com o primeiro, Ferreira aprendeu a insistir na descrição das junções e disjunções dos inícios e fins. É também de Eliot a paisagem quase desértica e, ao final, dominada pelo fogo e suas promessas de epifania, distribuídas a conta-gotas no livro que, se não pode ser classificado simplesmente como pessimista, abre ao leitor uma dimensão de resignação e irônica aceitação do cotidiano. Nesse ponto, a leitura do mais ácido dos heterônimos de Pessoa se reflete nos versos de Ferreira, não só pela óbvia referência à tabacaria, mas graças à sutil humanização de coisas que à primeira vista nos passam despercebidas, e que, contudo, nos completam, tais como a xícara esmaltada, a cadeira de plástico, a cama e outros objetos referidos pelo poeta.

A terceira das influências visíveis no livro é a de Dante, mas não como um poeta que se deva imitar – ainda que Ferreira escreva sonetos no final do volume de clara feição *stilnovista* –, pois aqui o florentino comparece, como Virgílio, na qualidade de emblema, ou seja, figura tutelar que indica vias e as corporifica, dando, assim, ao poeta de hoje a possibilidade de adotar um tom elegíaco que parece ter pena não de si mesmo, mas da fragilidade das coisas deste mundo, como fica claro na seção *Retratos*. Poesia extremamente intelectual, e que assim se afasta de quase todas as orientações hoje reinantes no mercado persa típico das panelinhas universitárias e internéticas, o verso de Ferreira não pretende impressionar a qualquer custo, entregando-se ao leitor enquanto uma espécie de benfazejo *memento mori* que nos recorda acerca de nossa finitude. Ou melhor: da finitude de tudo. E por isso mesmo da possibilidade eterna e divina de novos recomeços. É esta, afinal, a difícil missão da poesia.

Andityas Soares de Moura Costa Matos

URDIDURA

Iniciadas com as mãos,
as palavras se alternam
conforme ordenadas pelo espírito;
                                      dispersas,
as pedras guardam o segredo
que dissolvestes em ti mesmo.

Travessia transversal,
transborda o horizonte:
do fecho da abóboda ensimesmada,
pende o metal
                      em fio a prumo,
que no círculo vai traçando
o sinuoso passo de claro-escuro.

PRIMAVERA

I

Enquanto a fio se tece a fina teia
da formidável trama
que no poente se desenrola,
a grande farsa interpenetramos
da malha trágica do tempo,
e da fibra fiada se enrola o novelo
que costura a imensa Comédia de tudo:
— encontros e desencontros.

Da textura da matéria, por um fio,
somos artefatos bipartidos,
embora, essencialmente, somos
um único e primordial ser
na grande questão que nos aflige,
sobre o casual encontro das coisas.

                                        E no final,
tudo o que fazemos
                      e tudo o que pensamos
é a matéria moldante da existência;

o Tempo,
        uma constante primavera,
os lugares,
        sempre os mesmos lugares,
e nosso epifânico encontro,
                a suprema
indagação do universo.

II

A fúria do tempo, que a todos extermina,
faz engolfar todos os sentidos
na ideia que a todos examina.

Não posso ser medido
por essa aparente
    visão que tens de mim,
como uma sombra inócua
    que se projeta,
ou como a carne que reveste o osso
e que se embala aos punhados e a vácuo:
insondável é o espírito que me sustenta.

O alquebrado espírito
    de improvável forma
pelo ferro e pelo fogo se formou;
o ferro e o fogo se entremeiam
no inverossímil archote das incertezas.

O verso cujo traço diluiu a memória
apagou-se na véspera
    em todo o seu sentido,
e os ululantes aromas estivais
    que no ar pesado fazem permear
o soçobrar das folhas desmembradas
vêm dizer-te algo muito distinto
do que soía te dizer
    as muitas vozes do inverno,
e é quase palpável
    o desassossego do fim de tarde.

III

A tarde flácida e chuvosa
    fez-se nada,
e o ardor da noite se esvaiu
na brisa fria da manhã,

e, enquanto a púrpura cor
    da auréola celeste
cingir o primordial fulgor do crepúsculo,
tal lembrança brilhará
    como o fogo de mil auroras,
e não serei mais aquele
    que já fui.

Hoje serei
    o urdidor dos acontecimentos;
serei aquele que sonha com a relva
e a ela se agarra
    num frêmito incontrolável de
insatisfações.

Sou o começo,
              porém não sou o fim,
porque o fim
           em mim converge
no insondável,
e do insondável
             parte o começo
de uma centena de fins,
em mim mesmo.
De mim mesmo.

IV

Primavera:
      não porque seja
a chegada da floral estação,
não porque seja
o despertar da folhagem
           elemental,
mas porque é chegada
    a hora infinita
de encontrar-se no derradeiro
    ponto de tangência.

Hora de despedirmos um do outro;
hora de dizermos adeus
    ao supremo encontro
das incontrastáveis
    essências do passado;

e hora, afinal,
                de nos encontrarmos
numa única
                e indiscernível
essência primordial,
onde a semente
                a árvore se torna;
porque o que foi
                outra vez
tornar-se-á
        o que era,
na constante e
                Universal Primavera.

V

Por não haver limites no círculo,
o começo encontramos
    no fim,
e, quando nos vemos
        no meio,
estamos quase sempre
        no início e no fim.

Não há limites no círculo;
não há começo,
        não há fim:
o começo é o fim e
        o fim o começo;
e cada ponto
    desta circular trajetória
é o derradeiro limite,
    da fronteira sem limites.

O encontro é
      necessariamente
                     o desencontro
ao término da crucial curva,
onde Vida
        é a indescritível esfera
e Morte
      o onipresente
                centro de gravidade,
e em cuja
      universal circunferência
estamos em toda parte
e em parte alguma.

VI

De frivolidades se cobre
    a razão das coisas,
e por caminhos desusados
encontra-se a razão
    das coisas.

Do laço das intransigências
                  me desfaço,
e nas translúcidas anuências
                  busco o traço
que todas as camadas recobre.

Um dia
    existir-se-á sem
a necessidade premente
               de se existir;
apenas isto,
      — deslizar pelo fio
      que se entremeia
na escansão da bela língua
    que a fala pronuncia;
o gosto doce
        de respirar o vento,
        ao seu talante,
a travessia da forma errante
    pelo mundo verde.

E, por fim,
   o fenecer abrupto
   de uma sombra
que se esfuma
   na noite escura.

VII

Talvez haja um profundo sonhar,
conhecido
    e vivido sonhar,
em que todos fazemos parte
    de uma única trama;
em que todos somos
    representação de nós mesmos:

Assim,
a lembrança do que foi
e a lembrança do que é
hoje abraça
    a esperança do que será,
porque tudo o que foi
tudo será
    inda outra vez,
e assim se converge
    tudo aquilo
        que já é sido.

E o dia de lágrima
     cessará,
e o dia de tristeza
     cessará,
quando o círculo
     se fechar novamente
na inteligível
     esfera da primavera,
e Vida e Morte
     forem uma só.

RETRATOS

I — No café

O forte aroma do pó moído
nos atraiu às pequenas cadeiras do café,
onde sentamos a conversar,
e muitas coisas conversamos
até a eternidade ver-se perdida,
no esvoaçante aspecto
do negro líquido afrodisíaco.

Em tanta mesa,
— manufatura de estampada qualidade —
qual a série de tédios
a estampar as faces
que atravessam as ruas da cidade,
na gradual simultaneidade dos quadrados,
e nos variados interstícios
dos espaços vagos, de fila
      em fila,
fria estampa da beleza cosmopolita,
dissolve-se o tema e todo o teor
      dos detalhes,
entre as crescentes insinuações
do roer de torradas.

A fraca luz da hora matutina
penetrou de tal modo
os rincões do salão,
que a branda fumaça cinzenta
foi como se o véu
           da irrealidade fosse,
e nos vimos a sorrir então,
e, continuamente,
até apagar-se toda aquela cena.

E como o sonho que se tem,
aparentemente tolo, mas
      verdadeiramente belo,
quando se vislumbra
    a ideia de eternidade,
todos no outro dia
        retornariam.

II — Na tabacaria

Antiga, pende na entrada
a tabuleta,
cuja insignificância
o vento faz tilintar,
como o passar das horas
no pêndulo de todos os tempos;
e afeição possuímos
por seu lugar, na universal
    e infinitamente
pequena rua.

O vítreo balcão reflete
                as aflições
daqueles que ali buscam
seu doce alimento,
ou a companhia
    de esfumaçantes espíritos
que nascem
nas indefinidas chamas
            do acaso.

E a superfície do balcão
é a mesa deste banquete,
onde são oferecidos papéis,
    fumos, doces,
e a resolução do problema
    instigante à própria existência.

III — No cemitério

Ao meio-dia,
fomos ao seu enterro.
O sino da igreja anuncia
o soçobrar do dia.

Pelo arco metálico, à guisa de portal,
adentro o cemitério,
como quem no vestíbulo deixa
seu guarda-chuvas encharcado.

De ferro são os muros da cidade,
de ferro são as almas dos homens;
como uma mesquita de vermelho bruxuleante,
diviso a alta torre da igreja,
entre tantos outros mastros da cidade.

Irreparavelmente,
os caminhos nos levam
ribanceira abaixo, serpenteando
sepulcros caiados
em seu declive de alamedas, buscando
a inexorável jusante
rumo ao estuário da morte.

"Quantos há para amanhã?",
      pergunta o coveiro.
Bem, o dia de hoje
enterrou o dia de ontem,
e dele nada nos restou
a não ser as contas a pagar.

IV — Na biblioteca

Visceral e antigo,
retesado está o prédio da biblioteca;
aliás, retesado sempre esteve
aquele prédio, em meio
às sonoras vozes
          que se reverberam
na esquina movimentada.

"O que você quer?",
pergunta uma mulher.
"Quero encontrar Uqbar",
                   eu digo.
Mas pouco eu poderia explicar
àquela mulher
sobre espelhos, cópulas e labirintos,
embora minha vida seja delineada
por constantes labirintos,
e a incessante busca
      por cópulas e bibliotecas.

Ó livro, meu amado livro,
dileto amuleto e relíquia do espírito:
embalsamado nos teus sarcófagos,
foi-me revelada
a imensidão de um universo sem limites;
a estante em que descansas
é o claustro onde se debruçam
as minhas orações,
mas aquela mulher
espera encontrar o verbete Uqbar
no índice dos incrédulos.

V — Na ponte

Existe certa hora do dia em que,
sem poder se dizer se é propriamente dia,
ou se a noite alcançou aqueles instantes,
uma certa penumbra se entrelaça
aos enlevos do ar opresso,
e uma solidão imensa nos atinge
em meio aos devaneios sombrios.

Nada mais belo e mais intenso há
que andar por certa ponte,
      seca e tímida
como uma impressão certeira,
exatamente nessa hora
em que fervilham os espectros
que pavimentam o ar
da tarde desvanecente.

Ao caminhar por esta ponte,
galgando as velhas calçadas da cidade,
tem-se a impressão de que se vai
      a lugar algum,
embora a imagem grotesca desperte
um sonho que se tem
      desde sempre.

Invariavelmente,
estou a caminhar por esta ponte,
vislumbrando os mínimos detalhes
    de seus contornos,
seja dormindo ou acordado,
como invariavelmente
passo os dias mais sombrios da existência.

VI — No balcão

Esfaceladas e arruinadas
todas as noções de realidade,
é o espólio que nos deixam
estes tempos senis e memoráveis.

São pálidos os rostos
que contemplam a realidade;
pálida, desesperada e cheia de tédio
é a face de cada ser vivente,
na imensidão desta selva selvagem.

É quase místico o passar das horas:
não te apresses em contemplar
o imenso tédio vespertino
enquanto durar o sermão do vento.

Não sejas mais uma voz
em uníssono às elegias dos iguais,
terrivelmente desiguais
à sensatez humana,
flanando pelas ruas da cegueira.

Ancora o teu espírito
com a voz profunda que devassa
a mais profunda sensatez humana,
por meio da qual se manifesta
    a Grande Obra,
a Grande Obra que no espírito desdobra
o turbilhão da consciência:
nela buscarás o conforto,
nela sorverás todos os sentidos!

VII — Na cama

No princípio era a palavra,
e a palavra era o princípio de todas as coisas;
na palavra estavam o princípio e o fim
    de todas as coisas.
Mas então veio o delírio:
como a palavra iniciou tudo?

"Está acordado?"
Sua voz é doce e perfumada.
"Onde estou?"
O mistério de seus lábios
                me enclausura
na imensidão transbordante do delírio...

No princípio era a palavra,
no fim era a palavra,
e palavra com palavra
vai se entrelaçando
    na teia de emaranhados,
que a realidade inteira recobre,
com o têxtil véu de luz e sombras.

E a textura do som e da fúria
sob o verborrágico texto informe se mistura,
na escuridão mais escura
a luz que se acende, a voz que se apaga,
e como são belas as dissonâncias
                do silêncio!

DESFIGURADOS

I — Manhã

Em fremente e confusa faísca
explode o caos dos dias na cidade;
rosnam com fúria os motores dos carros,
pedra solta batendo na lata,
porquanto singram a via corrente,
caudaloso rio de infernal aspecto.

Às margens, apinham-se
      indiferentes gentes,
arrastando-se, contorcendo-se,
      serpentes informes
exibindo a carcaça transmutada
que lhes imprimiu
a metamorfose transgênica
de uma era de imensa barbárie.

Em velhos corpos se transfiguram,
embora sempre renovados
                em sua feitura,
de estarem sempre transmutados
e caindo,
      caindo.

II — Tarde

Rastos,
    rastros ressoam,
        atropelam, tremem o chão;
encalços,
    percalços instigam,
        fremem a ação;
passos caprinos se alternam
com passos humanos
pela relva seca, desfolhada, de pedra
que entremeia a cidade, onde
nem pastor, nem cítara órfica,
nem a confluência dos anseios
animam esse comboio de democrática
desilusão.

A calçada é espessa
    em seu cinzento estado;
um sol insidioso recobre
a estrutura dos telhados,
que se imbricam
    em suas formas de escama.

Uma chuva de água plúmbea,
ácida, metálica,
como a matéria-prima dos nossos desejos,
banha os corpos despidos
    da beleza primeva.

E uma podridão imensa
circula ao talante do vento vespertino
e traz o prurido que excita
os nervos citadinos.

III — Noite

Sob tetos esfumados,
   recobertos de bolor,
alimentam-se e multiplicam-se
   os seres imaginários;
a matilha de trabalhadores
traz o vulto arqueado
entre as putas que sua luxúria
nas esquinas sobejam.

Da noite mais escura,
oscilam as vozes tenebrosas;
um impulso selvagem imprime
   em nós
um ódio ancestral,
que manobra nossos hábitos mecânicos,
e os caracteres do verdugo
estão impregnados
nas faces íntimas
do ato costumeiro.

Talvez seja breve
a extensão da culpa,
mas em mim se digladia
   a face do Cordeiro
e a voraz essência antiga
   que se forma
na tenaz multiforme
das conflagrações contemporâneas.

IV — Simulacros

Todo portal sobrepuja
    a manobra
dos meus disfarces:
o animal alado, trifacetado,
desnuda os meus mistérios;
um plúmbeo simulacro atravessa
    a água corrente,
rumo à profusão de fumaças
dos canos de descarga,
e de pastos queimados
    à beira das estradas.

E da fumaça vieram os gafanhotos
que inundam a face da terra;
e os gafanhotos têm os rostos dos homens
e os cabelos das mulheres,
e o ruído de suas asas
    é o ruído dos carros,
que infernizam o trânsito
    às 5 horas da tarde.

V — Assombrados

Sob as fugidias ondulações
das luzes da cidade,
a multidão de assombrados apinha
    as ruas barulhentas.
O relutante azul fosco tinge
    o céu sem estrelas,
e o sussurro da noite no espaço
evola suas texturas mais sutis,
como o violino que declama
sua sonata a Kreutzer.

O derrame autofágico da vida
em forma de gente barulhenta
    e desconexa
mostra que sou não mais
que uma desconcertante dissonância
    de ideias malucas.

Sob a débil luz desvanecente
    da cidade,
faço ribombar meu canto imoderado
sobre os telhados quebrados dos homens;

sem a alquebrada sensatez
do que é polidamente belo,
e necessariamente desnecessário,
vou pôr meu pé poluto sobre a pedra polida
da calçada pegajosa,
e cantar meu canto catarático
com a catarse característica
da condição contemporânea.

VI — Rus in urbe

Em cinza vi escrito,
sobre o translúcido fólio do campo,
entre cacarejos e bocejos,
entre cantos e desencantos,
a efervescente vida pastoril.

Alerta nos pensamentos,
sonolento nas visões,
somente as sensações existem:
aqui não se ouve o grito da morte,
parece dardejar o ganso alarmado.

O cheiro de café quente
na xícara esmaltada
enche a memória de um rubor extremo,
e, invariavelmente,
queimo os beiços desavisados
e o pensamento incontido.

Os filhos da rapariga,
com olhar pidão e cabelo lambido,
cada qual com sua lamúria,
todos em tristeza,
um terrível cheiro de bosta fresca,
estão sentados à beira da estrada.

O tropel alucinado de bichos
e de homens-bichos
impele os olhos em seu circuito
a perscrutar as cenas desse embate,
e é profundo o limiar dessa visão.

VII — Pavor místico

O ar se adensa, sufocante,
e caducam as sombras que a tarde formou;
a penumbra espessa amortalha
minha assombrada indagação das coisas.

À luz ofuscada da lamparina,
os mosquitos aferroam minhas mãos
    e meus pés.
Em meio a tanta embriaguez,
cheiro de chuva e de mato molhado,
a voz silente da noite
    sobre os telhados,
uma lamentação de bicho
se faz ouvir no mato,
mas tenho medo de mato
e de bicho do mato,
quando a escuridão
é a mestra absoluta da razão.

A noite escura traz secura
    à boca sedenta.
Profusão de passos na memória.
A noite chegou.
Escuridão imensa.
Inúmeros compromissos.
Contas a pagar.
E ainda não enterrei meus mortos.

E, mesmo assim,
uma onça esfomeada salta do mato
e, sem frescura e sem demora,
o corpo me devora.

TENSÕES

I — Apoteose

Destilou-me a alma
um punhado de imbricações sorrateiras
quando, solenemente,
      o pássaro proclamou
as insolúveis dissonâncias da noite.

E ao vago vislumbre
      da noite aquosa,
o sonho se perpetua,
      quixotescamente:
os pináculos busquei
      num sobressalto,
e, cada vez mais alto,
            e mais alto, e mais alto,
a queda me sugou
      nos seus meandros mais incautos;

alçando, alçando, e caindo,
emergido, enfim, e engolido em
vertigem deslumbrada,
onde, nas mais erráticas elevações,
toda sombra se adere
      às suas rígidas formas.

II — Passado

Para além das imbricações da jornada,
em três caminhos
　　alarga-se a minha estrada.

O mais remoto,
　　embora tenha sido atrás deixado,
ainda é perceptível pelos olhos do desejo
e costura as finas bordas da memória.

Cindiu as possibilidades em imagens
　　e reminiscências,
e em infinitas imbricações
　　pela estrada afora,
enchendo, tanto quanto é possível,
o velho viajante de uma vontade
　　inexprimível de
viver o não vivido e apagar o passo
　　indesejadamente dado,
em face das inúmeras questões surgidas,
ou uma incapacidade inata
　　de viver a vida
enquanto se segue em frente.

III — Presente

Para além das imbricações da jornada,
em três caminhos
alarga-se a minha estrada.

O mais estático,
indesejadamente
    estendendo-se além da vista,
mantém-se sob meus pés ao longo do percurso
e enquanto penso acerca de tudo
    o que foi e o que poderá ser.

Não há somente a planície nua
    sob meus pés cansados;
não só de pó se reveste o caminho
    que muito além se estende;
o céu abarca uma vastidão informe
    de estrelas ondulantes,
o ar pulula a mente inquieta
de uma multidão de seres imaginários;
um sentir insentido faz o coração pulsar
uma enchente de infinitas insatisfações,
cuja textura maciça se mistura
    às nuanças deste mistério;

num horizonte que se insinua para além
desta linha tênue que costura
                              céu e terra,
num imbricado de cores selvagens
de tonalidades pulsantes,
o dia que encobre,
                    a noite que refulge,
a alegria que soçobra
                    ao soprar do vento.

IV — Futuro

Para além das imbricações da jornada,
em três caminhos
 alarga-se a minha estrada.

O mais incerto,
imperceptível aos sentidos da razão,
é indecorosamente flexível aos dobres
e descobres da percepção.

O difuso caminho
 que ainda mais além se alarga,
em fugidias alternâncias indesejadas,
crescentes camadas densamente sobrepostas,
e cresce, e cresce, e cresce,
desdobrando-se desde o infinito,
e ao infinito dirigindo-se ao certo,
no entanto, o vejo incerto,
tão incerto quanto sempre o foi,
altercando-se com as infinitas possibilidades
 da estrada.
O poder incontido de dar o próximo passo
mais além,
 e ainda muito além,
seguindo como a sombra
 que aqui se lança
e como uma indeterminada forma
 que se esvai.

V — Três caminhos

Para além do escrutínio que devassa
todos os meandros permeáveis
 da ilusão e da desilusão,
a fusão impensável de todos os caminhos se dá
entre as formas solúveis
 e insolúveis soluções
que o tempo dilata;

os sentidos, as sensações,
as percepções, o amor;
os caminhos antiquados,
 atrás deixados;
os caminhos presentes, frementes e alongados;
os caminhos futuros,
 incertos e à deriva;
entre eles, o istmo do onírico enlace;
ao redor,
 o fluir e o refluir da realidade.

VI — A prole das sombras

Como de praxe,
o Sol flui
      seu manto estreito
entre o bailar das horas;
então me assombro
e nitidamente suspeito
que a prole das sombras
              medra,
indistintamente,
da dura pedra
      que calça
as ruas da loucura.

Um inevitável luzir
de opacos traços
            inverte
a real posição
dos corpos nus
            e degradados
sem, contudo, passar roçando
                o ser inteiro.

Refrata, tão abrupto,
a intensidade
de quase nada.
                Nada no afinco,
nada entre os dedos
                        hirtos
e famintos
das formas vagas.

VII — Nos aspectos sorrateiros

Nos aspectos sorrateiros
da sombra que cai
girando ao derredor
das espessuras amontoadas,

o perpassar de vozes
tantas vezes sufocadas,
tantas vezes confundidas
com o uivo que penetra
nas camadas pedregosas
                        da muralha,
já não se distingue
do motor que range
e da pena que ringe.

Indene à expansão
      do mistério,
a compreensão do absurdo
      exige
a destruição absoluta
      do juízo.

RUPTURAS

I — Início

Um silêncio havia
que o fiar das fiandeiras
                        fodeu
— rompante desordenado
de ordenadas tramas
que todas as coisas liga,
rasga e remenda.

                Ínvia travessia:
instigante é o traço
                que não traça,
mas que esboça
            a amplitude do fracasso
que a todos aureola.

Para além das formas figuradas,
insignificante é o contorno
que nos enquadra,
no diagrama ordenado
que nos evidencia;
a destruição é, afinal,
                    inevitável.

Ao sabor
        da inquietude extrema,
o vapor dos aparatos
                manufatureiros
em efervescentes maquinações,
é o éter virtual que nos envolve,
nos projeta e designa.

II — Guernica

Dédalo nos legou,
além de formidáveis
                    disfarces
para a cópula insana,
um emaranhado de pontos
que o rumo desgoverna.

De súbito,
derramou-se como um marco
na memória atônita
um sulcar de águas desbravadas
quando percebi o bravio
touro se emaranhar
entre gentes e carros
                    inumeráveis.

Quando em Guernica
o pintor descortinou
a completa destruição
                    de seres e coisas
em imbricações infinitas,
o touro continuou
                    sendo besta,
sendo homem,
              em sua aspiração
pela perdição
            do labirinto.

Agoniza a prole de Astérion.
Um feixe de reflexos
                    suturados,
estampados à sombra
da vertigem galvânica,
dissolve a estática
                precisão das formas.

Na ruptura suprema
da enlevação e o fastio
pela longíssima
                perfeição do belo,
dar-se-á a extinção
                completa.

III — Nos espaços dissolutos

Nos espaços dissolutos
busco o abrigo indesejável
de estar sempre ajustado
a toda e cada parte ajustável,
estampado nos contornos
                       indiscerníveis
como um ímpeto
em sua expansão
          infinita.

No estado embrionário
dessa profusão de espectros,
dilaceram-se os simulacros
da realidade;

flui e reflui a ambivalência
dos sentidos em luta,
lutando a luta mais aguda
que o espírito tanto
                    desorienta
e entrelaça,
        portanto,
                  e finalmente,
no passo e no repasso
de absolutos estratos
estranhamente cerzidos.

IV — Formas variadas

Dissecado
em variados disfarces,
sou impregnado
pelas formas variadas
que as coisas todas
    envolvem
        e recobrem.

Há um vislumbre
de cor incerta,
de cada coisa
    vislumbrada,
em meus contornos
    deformados
e incalculavelmente postos
    e encaixados
na alfombra persa
da realidade atual
    e diversa.

As beldades em cena
são exatos disfarces
das faces decompostas,
deformações simétricas
em expansão contínua.

E cada face desse disfarce
se volta para o lado
que o centro dissolve
em indistintas imagens
reordenadas pela trama
de tantos trapos esparsos.

V — Noite desfigurada

Dois seres vagam sobre
o asfalto quente;
a luz da lua sobre eles
é quase imperceptível
— mais latente é a luz frenética
de lâmpadas em *led* ajuntadas.

Um segredo entre eles,
que a noite violada
não pode encobrir.

Um horror ancestral
                        projetado
desde sombrias faces
passa de um
                para o outro.

Quatro seres devassam
a noite desfigurada;
vozes se chocam, combatem,
se altercam indiscriminavelmente
— gritam indistintas nuanças
entre indistintas formas encalacradas.

Catorze seres pululam,
enlaçam-se sem se reconhecerem;
e, no entanto,
na coação das estruturas,
se tornam um, se tornam nenhum,
desfiguram a noite
e toda a contextura
          ao redor de si.

VI — Nada mais há que floresça

Observa as aves do céu:
não semeiam nem colhem,
não armazenam em contas
nem se empanturram
                              de toleimas.

Nada semeamos,
mas desejamos
tudo arrancar e ajuntar,
estocando os resquícios
de cada momento,
estanque floração
de fluxos e refluxos.

Nada mais há que floresça,
e que a todos abasteça,
criaturas do céu,
seres que rastejam.

Entulhos amontoados
e retalhos remendados
na estrutura caótica
                            das desilusões.

VII — Necrópole

Em velhas carnes
tive o molde usual
do mais insosso ser;
novamente incorporo
a circunvalação
                de todas as ruínas.

Monturo de ossos
suturados à fuligem
das engrenagens
em armações de ferro.

As candeias são elétricas;
espiralam
              vórtices luminosos
que desvelam o sussurro
                  da noite.

Golfos virulentos
rasgam as estruturas
              apoteóticas,
em reentrâncias inevitáveis.

No volúvel aspecto
das inconsistências,
e degradado à incoerente
forma decomposta,
despetalo um naco de almíscar
rente aos sulcos de concreto,
e o som das batalhas
dilata os muros de pedra.

TRAVESSIAS

I — Uma fissura folga

Uma fissura folga
entre os espaços
de dois espasmos
           derradeiros.

Adentrar é preciso:
os gestos passageiros
são agora mais urgentes
que a plenitude da expansão;
      ficar não é necessário,
agora que são mais penosas
as horas da nossa quietude.

À parte disso,
uma dúvida súbita,
em pleno desdobrar
de formas imprecisas,
paira no horizonte
inerte de esquinas
           ocultas.

II — Um passo eu dei

Um passo eu dei
          vertido
em insignificâncias questionáveis,
de distópicas reentrâncias
                selvagens.

Não sou mais eu,
            mas o meu
reflexo
      estranhamente reconstituído,
em seu completo desfazimento
                  apressado.

Por esta porta se esvai
a ilusão em que me tornei;
por esta porta se vai
para o lado oposto
que sempre desejei.

Nada ali reflete
                a novidade,
cuidadosamente meditada;
persigo sempre
a ideia não
             realizada
de coisa que se repete
invariavelmente
             projetada
pelos dobres e desdobres
                   da razão.

III — Sobre o mosaico

Sobre o mosaico
de ladrilhos cinzentos,
onde o concreto
enleou-se com o metal impuro,
profanam-se os atos
e dá-se o ritual
    racionalizante.

Nas estruturas fundidas
e fragmentadas
da imensidão embalsamada,
alheio me é o cerne
da chama que arde oculta
entre o silêncio e o enigma;

desprende-se a apreensão
na procura pelo centro;
esfacela-se a arquetípica
anatomia das essências
na confluência dos extremos,
e coagula a volátil
ferida assim deixada.

IV — A fera medita

A fera medita
sua condição
           aprisionada;
sua pata examina
a feição invertida
das fauces caninas.

O arroubo bestial
                    precede
à estampa dos infernos
        impregnada
nas trifurcadas bocas.

Numa, o tédio
dilata o horror
que divide
              a luz   a sombra;
noutra, a letargia
amordaça os sentidos
da ânsia que titubeia;

por fim, o desengano
demora-se na expressão
outrora faminta
da boca que tomba
                    uma
      sobre
            outra,
desfazendo o equilíbrio
e as dimensões profundas
das formas ordenadas.

V — O velho barqueiro

O velho barqueiro
                avança
como uma ameaça aparente;
o breve lampejo
de um dardejar
de luzes insidiosas
        precipita-se
sobre a face
de seu longo remo
                em riste.

Seu leve lenho
não sustenta
as almas vivas,
mas somente
as sombras que vagam
às margens do caminho.

Uma moeda para o mendigo
garante a derradeira
                travessia
pelos rios precários
da vileza humana.

A condição infame
do velho que rasteja
entre o lixo e a espessura
da ilusão aparente
nos arrasta na torrente
          irresistível
da perdição infinda.

VI — Entrada

Ante a suprema angústia
    da entrada,
onde se desfaz
        tanta gente,
desvelam-se as escolhas
minuciosamente tomadas,
e toda confissão
        necessária
faz o jurista cingir-se
de seus aspectos
       selvagens,

esse, que o artífice
    do mistério
e engendrador do sonho
          mágico
amuralhou nas entranhas
de suas próprias
       façanhas.

Não há o costumeiro
olhar que atiça
       o duelo,
e a dimensão
     da culpa
se mede pela cor
        inútil
das aparências..

Os devaneios
            da criação
já não mais se
            projetam
na galvânica esteira
            do percurso,
e o percurso,
todo ele,
            resulta
em um afluxo
de abismos
            profundos,
intermitentes.

VII — Limites

Instâncias intermináveis
de detritos
         involuntariamente
ordenados
à guisa de instrumentos
    rotineiros
perfazem os espaços
         ao redor
das ilusões
    que construímos.

Esfacela-se a imprecisão
das ilusões voláteis
na longa duração
         da travessia,

e nada mais há
         a fazer
senão esperar
a longa espera
         pelo tecer
dos limites
    do amanhã,

quando a calada
            inquietude
da noite plena
            plenamente
desdobrar a espiral
    da cortina cênica.

ENTRINCHEIRADOS

I

Desde janelas
grossas e encardidas,
emolduradas por telas
                esburacadas,
todos os atos e fatos
parecem sombras
                projetadas
por tardes intermináveis.

Enfim,
a essas idiossincrasias
                absurdas
chega-se quando se está
                comprimido
pelo concreto,
ou pela inquietude
                do porvir.

Tens a companhia
de um suave rosto
que te espreita
os sentidos profundos?

Nada,
a não ser os espectros
       do dia
que se enredam
pelas frestas destampadas.

Os vestígios
mais vívidos
que a memória urde,
entre farrapos e traços
       agonizantes,
deixaram sua natureza
       pulsante
num instante
que se esvazia.

II

A rouca luz
que no quarto
se conforma
nada diz
sobre a condição
da pena.

A mesa mal
se enquadra
no canto
a ela destinada,
pois que tanto
entulho se formou
na alcova rasa.

A janela transfigura
rudemente
a visão de fora,
e por dentro
          se esvazia
a arbitrariedade
do momento.

Viver, às vezes,
é apenas uma ideia
que se esconde
num quarto
quase escuro;

sem o pleno
entendimento
da luz do dia,
adia-se
a urgente espera
pelo amanhã.

III

A janela sem cortina
revela sem pesar
a indiferença
que impele
os olhos e os passos
da prole de Adão.

O rumor da rua
                se eleva
no compasso
que o tédio dita,
e seu crescendo
                se dilata
na imensidão
em que o vazio
                se precipita.

É verão,
mas a bruma fria
                ignora
toda a convenção
                do tempo
e se enreda
no espírito
como o sobressalto
de um rancor antigo.

É preciso
rejeitar o passo
atrás deixado,
e romper os ditames
do improvável.

IV

Espasmos do belo
às vezes saltam
do tédio extremo
quando o olhar
              submerge
do vazio perene.

A luz furtiva
        baila
entre as longas sombras
                      estampadas,
de modo
que o sentido musical
dos sons da rua
se possa apreender
num átimo
de devaneio solene.

A fresta aparente,
que pela parede
se estende,
            exala
um fecundo
pensamento
de nobres razões.

No entanto,
a porta permanece
                    trancada
e, de forma urgente,
intransponível
no momento.

V

Em sua língua peculiar
de impulsos insolentes,
a porta oscila
entre o ir e o vir.

Vista por dentro,
possui a cor variada
do fantástico,
uma sensação estranha
de formigamento;

por fora,
imagina-se que seja
uma mancha branca
na parede.

Ali,
a decisão de avançar
engasta, frente
ao incerto
que a fresta sopra,
                mansamente.

A passagem
para além
dos estados permanentes
faz a permanência
debelar-se a si mesma.

VI

Fez-se silêncio
                  no céu,
mas na terra,
além das janelas
                  descortinadas,
não há silêncio.

Lembra-te que
a morte é certa,
mas talvez se tenha
                  tempo
para uma partida
                  de xadrez.

Range o espaldar
da cadeira plástica
que pude comprar
conforme a regra
                  manda,
e nela

os sentidos se demoram,
longamente embalados
pela profusão
de aromas raros
que a tarde multiplica;
afoga-se o discernimento
nessa enxurrada
de escrutínios vários
e, ainda assim,
perdura a agitação
                profunda
de uma alma
        enclausurada.

VII

Para além
da porta aberta,
o corredor espreita,
e nele há muitas portas
que um segredo
e um vazio
         enclausuram,
e necessitam
serem abertas.

Além, muito além,
do concreto
maquinalmente
         engendrado,
perdura a essência
do vazio,
mas suave é a brisa
que ali sopra.

Portas ocultas
ainda há
a serem desvendadas,
mas o tempo
não exauriu
         a clausura
que nos prende.

DESPERTAR

I — Coro

[*Entra o Coro
dos velhos e velhas
lamuriantes
da consciência.*]

"Cumpre-nos agora
interpenetrar
a treta estoica
que enreda
o nosso conflito.

Os segredos
que a noite oculta,
desvela-os o dia
irrefutável.

Densa, a noite
inebria
vigorosamente
os sentidos drásticos.
Translúcido, o dia
esclarece
a nossa consciência.

Na contemplação
da hora matutina,
a epifania
vos transporta
ao enlevo
que consome.
Na loucura
que o vinho traz,
a exaustão extrema
vos confere
o esquecimento
que transforma.

Dai-nos a razão
e a imoderação
                    divina,
ó artífice
da fagulha
            mística."

II — Apolo

Didaticamente,
o sol refulge
como um deus
que se lança
em carros de fogo.

A luz caleidoscópica
que se esparge
sobre o mosaico
                   labiríntico
era a noção infalível
que tínheis
de um sem-número
de ações e reações;

o dia medido
pelo timbre
              que oscila
do sopro de outono
ao canto de primavera
já não mais embala
a fúria do tempo.

O sol agora
            culmina
na ideia mística
que apenas
            reflete
as sombras flutuantes
da tarde morna,
            desnudada
de todos os mistérios.
No desenrolar
do passo rítmico
que apenas repete
um plano engendrado
            maquinalmente,
se dá a precisão
do momento
e o ocultamento
dos desejos
nas simulações
            infinitas.

III — Nos limites imprecisos

Eu que estive
vendo
muitas tardes
se escoarem
por frestas lânguidas,
e até fui
perdendo
o desejo intenso
pela alcova rasa,
não posso entender
a tamanha
         desmesura
da contemplação
               precisa.

Solenemente,
a mesma penúria
desfralda
     as nossas almas
sob o tropel
         da vilania
ao arrebol do dia.

Nos limites
         imprecisos
dos pináculos
            da glória
e das profundezas
              da perfídia,
meço o tempo
pelos estalos
de um rancor
            incontido,
e o som da forja
            arguta
perdeu o assonante
encadear das formas
nos arrabaldes
            arrasados
da embriaguez
            extrema.

IV — Dissolução das formas

Não mais
sob teus anseios
despertar,
ó espectro das áureas
                                  formas!

Um devaneio há
de inebriados
                    contornos
que eviscera
a vontade intrínseca.

Sobre teus apolíneos
                    ditames,
ele derrama a inebriante
fluidez dos instintos;
perpetua a dissolução
das formas
            simétricas,

e, ao sabor do fio
                    distendido,
faz a razão
emaranhar-se
na brumosa via.

Sobre os abismos
                dissolutos
de sua matéria
                desfigurada,
gravita a essência
de todos os sentidos.

V — Seiva orgíaca

Supremo é o enlevo
para o qual
a tarde escarlate
              me transporta,
mais extrema
é a presunção
de que a seiva
              orgíaca
me nutre.

Do deus estranho
que as pulsões
              governa,
a poção rubra
é a quintessência
da matéria.

Embriagar-se
num ímpeto
              imenso
é o vórtice
              estreito
que me leva
para o alto.

No sonho
          somente,
buscarei
a enigmática
          forma
de existir.

VI — O demiurgo

Num instante
de ínfima mesura,
um salto fortuito,
pois que nunca desejado,
propulsou
os elegantes talares
daquele que as alturas
e os abismos mediu
com um acorde do trovão.

Renovação abortada:
para além da geração
de paradigmas essenciais
                         do nada,
dispersos
no amálgama do caos
                         primordial,
contemplados
desde um prisma
                         de formas
misturadas,
o demiurgo
             galga
as frenéticas camadas
da dissolução infinita.

E nos aponta a via
da beleza quase
           pervertida
da transformação absoluta.

VII — Coro

[*Entra o Coro
dos velhos e velhas
lamuriantes
da consciência.*]

"Rejuvenescer, rejuvenescer,
esta é a essencial
palavra que vos rege,
homens despidos!
nada mais há
na existência
           mansa
que vos satisfaz
                completamente.

Regozijai-vos no deleite
                    intangível
desta busca solene
ainda que,
mesmo assim, avessa
a todos os costumes.

Transmutar-se
nas diversas formas
que vos são propostas
pela vida variada,
visceral e inteira,

encontra no fluir
das águas correntes
seu curso incontornável.

Mas em sua forma
mais bruta,
viva e vibrante,
livre das imperfeições
a todos ajustadas,
nada há
dos subterfúgios
maquinalmente postos.

Buscai a desmesura
                    solene
que há na vindima
e sejais rigidamente
desgovernados
pelas nuanças
do destempero.

Livres do desengano
e das artimanhas
do processo,
rejuvenescer
            é a faca
que desentranha
a vossa consciência."

REDENÇÃO

I — Conheci o amor

Lucidez não trago das noites indormidas
no assoalho frio de barracos molhados
que a desilusão cria nos amantes eternos;

lancei minha vida
                  como quem lança a sorte
ao sabor sombrio
                  do jogo de cartas,
e tudo apostei num lance apenas
que teu sorriso reflete,
        complexo e certeiro.

Quem o amor conheceu
nada sabe sobre a fútil manipulação
        de gestos e arranjos.

O amor é o dardejar de uma ilusão intensa
        que dissolve a imprecisão:
à penumbra arrasada,
sombras são destiladas
                  pela desilusão.

II — O amor está em mim

O amor está em mim,
    como no amor estou contido,
embora nem mesmo compreenda
    esse amor que habita em mim;

e embora muitas vezes torpe
    e à vileza agarrado,
e bem percebo o mal que minha carne
consome,
o meu espírito o amor irradia.

O cético olhar daquele
    que a realidade glosa
em páginas alvas,
    em que a vastidão se escrevinha;
aquele que disseca o corpo seco
    e inerte da matéria fria
nada pode saber dos insondáveis mistérios
    que o amor recobre,
e como um sorriso pode
emergir das intransigências
    do espírito angustiado.

III — Dissonâncias do silêncio

Talvez, sem pensamentos sobre
 a constituição das coisas,
ou sem a preocupação
 com a direção do vento,
devamos ir sem a devida direção
como a misteriosa trama
 dos argumentos, ou o vago
pensamento de um sonhador,
e entoar cantos ao infinito,
onde tudo se pode ouvir
 sem, no entanto,
ter nada para se dizer;
 encantados
com as dissonâncias
 do silêncio;
 assombrados
com o incêndio que vem
 consumir os meus olhos,
até que os teus alcance e, além,
volte ao desconhecido
 espaço de indeterminadas

circunstâncias;
e eu poderia quedar-me
manso, até que me
           consumisse
a paixão insana que resvala
de teus lábios, e morrer
de loucura ou de absoluta
                inquietação,
no fogo inconsumível
          de teu leito.

IV — Tranquilo desatino

Assim, de repente, no teu olhar contido,
sossego encontrei e também o desafio
de viver como se nunca houvesse vivido
uma vida de sensatez e desvario.

E em tal experiência mergulhei perdido
até que me encontrasse o incrível extravio
de amado ter sido como amar ter podido,
tão somente uma vez, e frequente e a fio.

Em teus encantos o tranquilo desatino
fui sorver, e a essência de todos os mistérios
nos lábios achar de teu beijo torvelino.

E entender não pude de tal trama os critérios,
pois a diferença não pude perceber:
morrer de amor ou de loucura perecer.

V — Inuméraveis sensos desnorteiam

Inumeráveis sensos desnorteiam
de uma mente aflita os seus sentidos
quando matizes, gestos e alaridos,
afoitos, nossas vidas entremeiam.

Quando dela, porém, sobressalteiam
os singulares ares, aturdidos
passos do tempo cessam seus ruídos,
ventos param, cadências já se alheiam.

Dos pormenores resta só a essência:
os profundos sinais de seu olhar
nos elevados pontos da existência.

Tudo se cala ante seu passar:
quando aparece o ser angelical,
rende-se o próprio ciclo natural.

VI — Aurora

Quando a rubra luz da aurora resplandecente
esparge o manto claro do eterno levante
e surgindo faz o dia que, então, infante
surge qual esperança ao espírito dormente,

a ansiosa alma de cada ser vivente
procura no ígneo momento a interrogante
e crucial substância do viver errante
para compreender a essência de seu ente.

Mas a resposta não se esparge no horizonte
nem explode nos matizes do alvorecer,
mas acha em ti e em mim a indelével ponte

que à rota leva do completo enternecer:
qual aurora que surgindo vai laureada,
somos a eterna aurora em fogo modelada.

VII — Solidão

Sonhos que então retornam como a razão
retorna quando extingue-se a embriaguez
veem intrusos como intrusa palidez
revelando a doença do coração.

Cogitamos que as coisas de solidão
são causas infindáveis da invalidez
que o espírito consome com avidez
té que haja um banco obsoleto no balcão.

Mas a solidão é o único consolo
para qualquer alma opressa e vacilante
que medita a morte, que medita a vida,

que se perde na escuridão como um tolo;
solidão é como um joguete de infante:
nos diverte cedo e depois é esquecida...

Esta obra foi composta em Droid Serif 11,5 pt e impressa em papel Pólen soft 80 g/m² pela gráfica Color System.

A migração das borboleta